Dag Hammarskjöld

Das Unerhörte — in Gottes Hand zu sein

Tagebuchaufzeichnungen

Ausgewählt und eingeführt von
Waltraud Herbstrith

Johannes-Verlag Leutesdorf

Zehnte Auflage 1997

Mit kirchlicher Druckerlaubnis

Die ersten sechs Auflagen wurden im Kaffke-Verlag Aschaffenburg veröffentlicht
Das Umschlagfoto von Dag Hammarskjöld erscheint mit freundlicher Genehmigung der Deutschen Gesellschaft für die Vereinten Nationen e. V. (DGVN), Bonn (UN-Foto 165430)

Gesamtherstellung: Druckerei des Johannesbundes e. V.
D-56599 Leutesdorf am Rhein

ISBN 3-7794-1208-x

Zu beziehen durch die *KSM*
Katholische Schriften-Mission, D-56599 Leutesdorf
Telefon: 0 26 31/9 76-1 92, Telefax: 0 26 31/9 76-2 50

Inhalt

Einführung

Menschen wie Dag Hammarskjöld dürfen nicht vergessen werden. Wohl erreichten die nach seinem tragischen Tod am 17. September 1961 veröffentlichten Tagebuchaufzeichnungen „Vägmarken" hohe Auflageziffern. Trotzdem scheint sein Schicksal mehr in den Hintergrund gerückt zu sein. Andere Menschen und Dinge sind ins Blickfeld getreten. Haben wir nicht Wichtigeres zu tun, als uns mit einer Gestalt zu befassen, die zwar interessant und bedeutungsvoll war, aber zu unserem persönlichen Leben doch wenig Bezug hat? Daß dem nicht so ist, daß es sich immer wieder lohnt, in Hammarskjölds Aufzeichnungen zu lesen, über sein Leben und Sterben nachzudenken, um neue Impulse für das eigene Leben zu empfangen, soll diese kleine Textauswahl zeigen.

Wer war Dag Hammarskjöld? Er stammte aus einer vornehmen schwedischen Familie. Sein Vater engagierte sich politisch und wurde 1914 als Parteiloser schwedischer Ministerpräsident. Er war ein harter, schweigsamer Mann, von dem Dag berichtet, „er habe ihn nicht viel gekannt". Mit der warmherzigen, temperamentvollen Mutter verband Hammarskjöld eine echte Zuneigung. Das Glaubensbekenntnis der Familie war durch die Treue zur Bibel bestimmt. An Sonntagen begleitete Dag seine Mutter oft zu den Gottesdiensten, ohne daß seine

Freunde auf den Gedanken kamen, er könnte selbst gläubig sein. Hammarskjöld war vielseitig begabt. Auf der Universität interessierte er sich nicht nur für Nationalökonomie, sondern auch für Literatur, Theologie, Philosophie. Frau Söderblom — sie und ihr Mann, Erzbischof Söderblom, waren mit Familie Hammarskjöld befreundet — hatte den Zwanzigjährigen auf Pascal und den Renouveau catholique aufmerksam gemacht. 1933 doktorierte Hammarskjöld und wurde Sekretär der Arbeitslosenkommission. Ungefähr zwanzig Jahre diente er dem schwedischen Staat als Beamter, und im Gegensatz zu seinem konservativen, wenig beweglichen Vater war er dafür bekannt, frei zu sein von politischer Ideologie und fähig, mit den schwedischen Sozialdemokraten gut zusammenzuarbeiten.

1953 wurde Hammarskjöld zum Generalsekretär der Vereinten Nationen berufen. Sein Vorgänger Trygve Lie hatte diesen Posten als das schwerste Amt der Welt bezeichnet. Hammarskjöld war durch seine bisherige Tätigkeit: seit 1941 Präsident des schwedischen Reichsbahndirektoriums, 1949 Staatssekretär im Ministerium des Äußeren, 1951 Minister ohne Portefeuille und stellvertretender Außenminister in Wirtschaftsfragen, für sein neues Amt gut vorbereitet. Was viel mehr zählte als sein Können, waren seine Charakterstärke, seine Lauterkeit und psychologische Einfühlung, die ihm allerdings auch im politischen Spiel der Mächte Feinde zuzogen.

Schwere Erschütterungen trafen die Welt während Hammarskjölds Amtsperiode. Im Sommer 1956 die Suezkrise infolge der Verstaatlichung des Suezkanals durch Ägypten. England, Frankreich und Israel rückten in die Kanalzone ein. Im Oktober des gleichen Jahres der Ungarnaufstand. Die Vereinten Nationen waren dem russischen Vorgehen gegenüber machtlos. Großbritannien, Frankreich und die Sowjetunion verstießen gegen die Charta der Menschenrechte und gerieten dadurch in Konflikt mit Hammarskjöld. Trotzdem wurde er 1957 einstimmig für eine zweite Amtsperiode von fünf Jahren wiedergewählt.

Hammarskjöld wirkte an Krisenherden wie Laos und Südafrika. 1960 erlangte der Kongo Selbständigkeit. Tschombé erklärte Katanga für unabhängig. Ohne Katanga gab es jedoch keinen lebensfähigen Kongo. 1961 brach der Bürgerkrieg aus. Lumumba wurde ermordet. Frankreich, England und Belgien wurden zu heftigen Gegnern der Vermittlungsaktion der Vereinten Nationen. Am 17. September versuchte Hammarskjöld nach Katanga zu fliegen, um mit Tschombé über einen Waffenstillstand zu verhandeln. Die Maschine flog bei Funkstille; sie hatte keinen Jagdschutz. Es war ein gefährliches Unternehmen. Kurz vor Ndola, wo Tschombé mit dem englischen Beauftragten Lord Lansdown verhandelte, stürzte die Maschine in der Landungsschleife ab. Erst sechs Stunden später wurde vom Flughafen das Nichteintreffen der Maschine gemeldet. Man fand das Wrack. Hammarskjölds Begleitmannschaft war von Kugeln durchbohrt. Er selbst lag unverletzt, wie schlafend, neben dem Flugzeug. Ein UN-Beamter lebte noch. Er wurde verhört, ehe er starb; das Protokoll wurde jedoch nicht freigegeben. — Dies war der äußere Rahmen des Lebens Dag Hammarskjölds.

Aber es gab einen inneren Weg, den der bekannte Politiker und beliebte Freund gegangen war; dieser war fast allen unbekannt. Vor dem Abflug von Leopoldville hatte Hammarskjöld mit einem schwedischen Mitarbeiter über den Liebesbegriff in der Mystik des Mittelalters gesprochen. Als man seinen Nachlaß ordnete, fand man in seinem Zimmer auf dem Nachttisch die „Nachfolge Christi". Dies wäre jedoch zu wenig, um sagen zu können, wer Hammarskjöld wirklich war. Er wäre in die Nachwelt eingegangen als moralisch untadeliger, geistlich und künstlerisch interessierter Politiker von hohem Format. — Aber als christlicher Mystiker? Diese letzte Erkenntnis überraschte die Weltöffentlichkeit, als man in seiner New Yorker Wohnung eine Art Tagebuch fand mit einem an einen Freund gerichteten Begleitbrief, er möge die Aufzeichnungen der Öffentlichkeit übergeben. Für Schweden und viele von Hammarskjölds Freunden war dies eine peinliche Angelegenheit.

Sven Stolpe schreibt: „[Hammarskjölds] Freunde kannten ihn nicht. Als ich Hammarskjöld nach seinem Tod als christlichen Mystiker bezeichnete, wurde dies von vielen Seiten mit Ironie oder Hohn aufgenommen. Keineswegs sei Hammarskjöld eine in dem unchristlichen Schweden so verächtlich angesehene Figur gewesen wie ein bekennender Christ, und erst recht nicht so verdächtig wie ein christlicher Mystiker ... Hammarskjölds Leben und Tod und sein posthumes Buch waren für Schweden ein geistiges Ereignis von epochemachender Bedeutung. Zehn Jahre lang haben alle modischen schwedischen Schreiber die Reinheit, das Opfer, die Selbstaustilgung als reine Perversitäten verhöhnt und das Christentum als lebensuntauglich und verlogen bezeichnet. Gleichzeitig hat sich die schwedische Literatur zu einer oft pornographischen Schilderung des Menschen, des Untermenschen, erniedrigt. In dieser großen Erniedrigung kam Hammarskjölds Buch wie ein leuchtendes Zeichen, wie ein Strom lebendigen geistigen Lebens, als ein Zeugnis dafür, daß alle die alten christlichen Worte sich mit Leben füllen können und daß der christliche Weg immer noch der Weg des Lebens ist. Ich halte Hammarskjölds Buch, ‚Wegzeichen' für sein größtes Geschenk an das schwedische Volk."[1]

Hammarskjöld hatte seine Aufzeichnungen begonnen, ohne an einen Leserkreis zu denken. Die späteren Ereignisse seines Lebens jedoch, seine Arbeit in der Weltöffentlichkeit, führten ihn zur Erkenntnis, daß seine persönliche Gewissensrechenschaft als Bekenntnis zur Wahrheit, zum endgültigen Auftrag seines Lebens — Frieden zu vermitteln zwischen den streitenden Völkern — Freund und Feind nicht verborgen bleiben dürfe. Hammarskjöld hatte sich zwar schon zu seinen Lebzeiten positiv gegenüber dem Christentum geäußert. Es fiel auf, daß er bald nach der Übernahme seines Amtes im UNO-Gebäude in New York einen Meditationsraum einrichtete und öfter christliche Gottesdienste besuchte, vor allem katholische. Aber erst die Veröffentlichung seines Tagebuchs zeigte die starke Christusbezogenheit seiner letzten Jahre, seine Lektüre christlicher Mystiker, das Bewußtsein, im Innersten mit Gott vereinigt zu sein.

Der Kampf um die Redlichkeit seines Gewissens spiegelt sich in folgender Eintragung: „Du fragst, ob diese Aufzeichnungen nicht zuletzt ein Betrug an dem Lebensweg sind, den du dir vorgeschrieben? Diese Aufzeichnungen —? Sie waren Wegzeichen, aufgerichtet, als du an einen Punkt kamst, wo du sie brauchtest, einen festen Punkt, der nicht verlorengehen durfte. Und das sind sie geblieben. Aber dein Leben hat sich verändert, und du rechnest nun mit möglichen Lesern. Vielleicht wünschst du sie dir sogar! Für manchen könnte es doch von Bedeutung sein, einen Schicksalsweg zu verfolgen, über den der Lebende nicht sprechen mochte. Ja, aber nur wenn deine Worte aufrichtig sind, jenseits von Eitelkeit und Selbstbespiegelung."[2]

Die scheue, zurückhaltende Natur des Nordländers konnte ihre Glaubenserfahrung nicht so bekennen, wie sie es wünschte. Trotzdem erkannte Hammarskjöld in zunehmendem Maß, daß der Gläubige in irgendeiner Form von seiner Christuserfahrung Zeugnis ablegen muß. 1954 schrieb er in einem Beitrag: „Von Gelehrten und Geistlichen mütterlicherseits erbte ich den Glauben, daß in dem wirklich radikalen Geist der Evangelien alle Menschen gleich sind als Kinder Gottes und so von uns betrachtet und behandelt werden müssen ... Die Erklärung aber, wie ein Mensch ein Leben aktiven gesellschaftlichen Dienens in vollkommener Übereinstimmung mit sich selbst als Mitglied der Gemeinschaft des Geistes leben soll, habe ich in den Schriften der großen mittelalterlichen Mystiker gefunden. Für sie war ‚Selbsthingabe' der Weg zur Selbstverwirklichung. Sie fanden in der ‚Einsamkeit des Geistes' und in der ‚Innerlichkeit' die Kraft, ja zu sagen, wo immer sie sich den Forderungen ihrer bedürftigen Mitmenschen gegenübergestellt sahen. Liebe — dieses oft mißbrauchte und falsch verstandene Wort — bedeutete für sie nichts als das Überfließen der Kraft, von der sie sich erfüllt fühlten, wenn sie in wahrem Selbstvergessen lebten. Und diese Liebe fand ihren natürlichen Ausdruck in einer bedenkenlosen Erfüllung ihrer Pflicht und in einer uneingeschränkten Hinnahme alles dessen, was das Leben ihnen persönlich an Mühen, Leiden — oder an Beglückung — brachte."[3]

Obwohl Hammarskjölds Aufzeichnungen zeigen, daß er intensive Erfahrungen mit Gott hatte, Erfahrungen der Ich-du-Beziehung, des Innewohnens Gottes in der Tiefe der Seele, Erfahrungen des Friedens, des inneren Lichts, ist seine Mystik eine ausgesprochene Tat-Mystik. Er blieb nicht bei inneren Erlebnissen stehen, sondern ging von sich fort, auf den Nächsten zu. Hammarskjöld traf in Israel mit Martin Buber zusammen. Er übersetzte dessen Schrift „Ich und Du", weil er darin fand, was seiner eigenen Auffassung entsprach. Ebenso übersetzte er den Franzosen Saint-John-Perse. Dessen Worte: „Wir sind Hirten der Zukunft" könnten als Thema über Hammarskjölds Schicksal stehen.[4] Hammarskjöld äußerte auch seine Dankbarkeit für die Ethik Albert Schweitzers: „In seinem Werk", schrieb er, „habe ich einen Schlüssel für den modernen Menschen zur Welt des Evangeliums gefunden."[5] „Der Weg zur Heilung geht" für Hammarskjöld „in unserer Zeit notwendig über das Handeln".[6] Die Gotteserfahrung geschieht zwar in Freiheit, in Schweigen, in Stille wie bei den Mystikern. Aber „diese Freiheit ist eine Freiheit unter Tätigen, die Stille eine Stille zwischen Menschen".[7]

Kraft seines Glaubens, seiner Hingabe an Gott wandelte sich Hammarskjöld aus einem empfindsamen, stolzen, ästhetischen, einsamen immer mehr zu einem festen, warmen, reifen, lebensbejahenden Menschen. Im Lichte Gottes, im Vorbild Christi erkannte er die Leiden des eigenen Lebens als Chance, sich von Gott verwandeln zu lassen, sich herzugeben, um der zu sein, der am eigenen Leib das Heilswerk Christi vollendet. Sein freiwilliger Zölibat, der Druck des oft demütigenden Alleinseins wurden zu einer größeren Freiheit im Dienst für die anderen. Im Gespräch mit Stolpe verglich er sich mit einem katholischen Priester, „der nicht heiraten dürfe, damit er jedem seine Liebe schenken könne".[8] „Wir sind unserer viele", schreibt Stolpe, „die von seiner persönlichen Wärme erzählen können, seiner unablässigen Sorge für seine Freunde, seiner Freude an ihrem Wohlergehen und seiner Betrübnis, wenn sie enttäuschten. Einer seiner besten Freunde ... sagte ..., daß er niemals einen so ‚lichten' Menschen gekannt habe wie Hammarskjöld. Ich möchte das bekräftigen — für seine letzten Jahre, nach seiner Berufung [zum UN-Generalsekretär]. Er leuchtete, er wurde von seiner Aufgabe getragen."[9]

Das Leuchten seiner Persönlichkeit, das Hammarskjölds Freunde besonders in seinen letzten Jahren beeindruckte, sollte untergehen in einem gewaltsamen Sterben, um neu aufzugehen für viele, die nach Wahrheit verlangen. Bei der Wahl Hammarskjölds zum Generalsekretär hofften vor allem die Russen, er würde eine ausgezeichnete neutrale Arbeitsmaschine abgeben. Aber sie täuschten sich. Hammarskjöld betrieb eine energische, sehr persönliche Politik, diktiert von seinem wachen Gewissen. Oft befand er sich schon an einem Unruheherd, ehe der Sicherheitsrat zusammentrat. Anfangs war Hammarskjölds Wirken von Erfolg gekrönt, und Schweden war stolz auf ihn. Er wurde in die Schwedische Akademie aufgenommen. Je mehr sich jedoch die politischen Konstellationen seit 1956 zuspitzten, desto klarer wurde es Hammarskjöld, daß der Weg seiner Berufung am Kreuz enden würde. Die Worte Pascals, daß Jesus bis zum Ende der Welt Todesangst leidet, wurden zu den seinen. Trotz der Schmähungen der Russen und der schwedischen Presse ging Hammarskjöld seinen Weg geradeaus bis zum Ende. Er erkannte, daß man, wie Edith Stein es formulierte, nicht Jesus nachfolgen kann, ohne sein Los zu teilen.[10] „Welches Geschehen in der politischen Welt unserer zweiten Jahrhunderthälfte! Der Sekretär der Vereinten Nationen bezieht seine Existenz und die der Welt auf das Leiden Christi."[11] An Weihnachten 1960 notierte Hammarskjöld in sein Tagebuch: „Für den Vorausblickenden ist Golgota der Platz für die Krippe und das Kreuz schon in Betlehem errichtet."[12]

Das Ende im Kongo 1961 kam für Hammarskjöld nicht überraschend. Er hatte es vorausgeahnt. Hammarskjölds Leben und Werk beweisen, daß Politik kein „schmutziges Geschäft" zu sein braucht, daß der Geist Jesu weht, wo er will, und daß sich Christen und Nichtchristen in jeder Arbeit, jedem Tun an und in dieser Welt der Wahrheit unterstellen müssen. Ruhm, Schmähung und Tod liegen hinter Hammarskjöld. Für uns darf er kein Unbekannter bleiben, da er Zeugnis abgelegt hat von jenem Leben, das nicht untergeht, das — trotz aller gegenteiligen Erfahrung in dieser Welt — Wahrheit *und* Liebe ist.

Zur Auswahl der Texte

Die Aufzeichnungen Hammarskjölds sind nicht nur ein Geschenk an das schwedische Volk, sondern an alle Menschen guten Willens. In der vorliegenden Auswahl seiner Gedanken haben wir bewußt auf die Niederschriften verzichtet, die vor allem seine dichterische Veranlagung, seelische Kompliziertheit und Bezugnahme auf die eigene Lebenssituation zeigen. Uns ging es darum hervorzuheben, was alle auf ihrem Weg zu Gott betrifft: die Nöte des modernen, suchenden Menschen, der ein Fragender ist, einer, der Angst hat, der sich loslassen muß, um zum andern, zum Du hinzufinden. Hammarskjölds Ringen gibt uns Mut, auszubrechen aus unserer Enge, Unlauterkeit und Verkrampftheit in ein Leben, das sinnvoll, lauter und dem Nächsten zugewandt ist.

IMMER EIN FRAGENDER

Immer ein Fragender
werde ich dort sein,
wo das Leben verklingt —
ein klar schlichter Ton
im Schweigen.

Wie brennt doch das Gedenken jeder Stunde, die ich vertan.

Sorge nicht, wohin dich der einzelne Schritt führt: nur wer weit blickt, findet sich zurecht.

Schweigen ist der Raum um jede Tat und jede Gemeinschaft von Menschen. Freundschaft bedarf keiner Worte — sie ist Einsamkeit, frei von der Angst der Einsamkeit.

Er trug die Niederlage ohne Selbstmitleid und den Erfolg ohne Selbstbewunderung. Wenn er sich bewußt war, bis auf den letzten Pfennig bezahlt zu haben, war es ihm gleichgültig, wie andere über das Ergebnis dachten.

Ist nicht, wenn der Lärm verstummt, die Leere der gerechte Lohn für einen Tag, der nichts wollte als andere daran hindern, dich zu vernachlässigen?

Wie willst du die Fähigkeit zuzuhören bewahren,

wenn du niemals zuhörst? Daß Gott für dich Zeit haben soll, hältst du sicher für ebenso verständlich, wie daß du keine Zeit für Gott hast.

Dämonen kommen ungeladen, wenn das Haus leersteht. Anderen Gästen mußt du schön die Tür öffnen.

Je treuer du nach innen lauschest, um so besser wirst du hören, was um dich ertönt. Nur wer hört, kann sprechen.

Dich ekelt vor Schmeicheleien. Aber wehe dem, der deinen Wert nicht erkennt.

Du kannst nicht spielen mit dem Tier in dir, ohne ganz Tier zu werden; nicht mit der Lüge, ohne das Recht zur Wahrheit einzubüßen; nicht mit der Grausamkeit, ohne die Zartheit des Geistes zu verlieren. Wer seinen Garten reinhalten will, darf keinen Fleck dem Unkraut überlassen.

Gott ist eine bequeme Formel auf dem Bücherbrett des Lebens, stets zur Hand und selten gebraucht.

Wie viele wurden doch durch das leere Gerede vom Glauben als einem Für-wahr-Halten in das Dunkel getrieben!

LOSLASSEN

Den Griff loslassen von der Gestalt, die vor der Welt einen Namen trägt, die das Bewußtsein durch gesellschaftlichen Ehrgeiz und zügelnden Formwillen aufgebaut hat. Loslassen, um zu fallen, fallen — in blinder Hingabe vertrauend. Zu etwas anderem, einem anderen.

Immer ist der Fehler beim Stärkeren. Uns fehlt die Geduld des Lebens. Wir versuchen unwillkürlich, einen Menschen aus dem Wirkungskreis unserer Verantwortung auszuschalten, sobald der Ausgang des Lebensexperiments in unseren Augen mißglückt erscheint. Aber das Leben vollzieht seine Versuche jenseits der Grenzen unserer Bewertung. Daher zeigt sich das Leben manchmal so viel schwerer als der Tod.

Kein Ausruhen, das nicht das Ausruhen aller ist. Keine Stille, ehe nicht alles vollbracht.

Die Angst vor der Einsamkeit bringt Böen aus dem Sturmzentrum der Todesangst. Nur das ist, was eines anderen ist. Denn nur was du gabst ... wird herausgehoben aus jenem Nichts, das einmal dein Leben war.

Einsamkeit kann eine Kommunion sein.

Wir greifen nach dem anderen. Es ist umsonst, weil wir nie wagten, uns selbst zu geben.

Mißachtung für deine Mitmenschen hindert dich nicht, bei fortwährender Selbstachtung nach ihrer Achtung zu streben.

Auf welcher gesellschaftlichen Ebene auch immer die Intrigen angelegt sind und der Kampf geführt wird ..., auch der beste Kopf verrät untrüglich seine Naivität, wenn es um die eigene Stellung geht.

Dieser unheilbare Trieb *in Besitz zu nehmen* — in der krassesten Bedeutung des Sich-Einverleibens ... Wie ein Bergtroll wollen wir die Prinzessin fressen, um immer neu die Erfahrung des Bergtrolls zu machen. Wir pflücken die Blume. Wir pressen Körper an Körper — und vernichten die menschliche Schönheit, die nur durch Beseelung der Linien körperlich wird, unerreichbar der physischen Berührung.

KEINE ANGST VOR SICH SELBST

„Allezeit habt ihr Arme unter euch“ (vgl. Mk 14, 7). Ebenso die Toten.

Wenn die Ströme des Unbewußten sich in saugenden Wirbeln brechen, dann können die Wassermassen wieder zu *einem* Strom gesammelt werden, wenn es gelingt, die Schleuse zu des Gebetes Fahrtrinne zu öffnen — und wenn diese Rinne tief genug ist.

Tönendes Schweigen
durchstrahlte Nacht.
Licht,
das sein Übereinstimmendes sucht
in Melodie.
Stille,
die nach Erlösung strebt
im Wort.
Sein
in der Krume Dunkel.
Wie selten Wuchs und Blume,
wie selten Frucht.

Die Freundschaft von X, die Notierung meiner Leistung durch Y: Dies sind Papierschirme, die ich aufspanne gegen das Nichts, um den Blick zu hindern, daß er sich im Unendlichen, in Zeit und Raum verliert.

Dies ist die Wahrheit, zu der wir gelangen müssen, um zu leben: das All ist, und wir sind nur in ihm.

Hunger ist meine Heimat im Land der Leidenschaften: Hunger nach Gemeinschaft, Hunger nach Gerechtigkeit; einer Gemeinschaft, durch Gerechtigkeit gebaut, und einer Gerechtigkeit, gewonnen durch Gemeinschaft.

Nur Leben erfüllt des Lebens Forderung ... Keine Angst vor sich selbst haben, sondern seine Eigenart ausleben — ganz, aber zum Guten. Nicht anderen folgen, um Gemeinschaft zu kaufen, nicht das Schickliche zum Recht erheben, anstatt der Gerechtigkeit zu leben.

Ich wußte, was im Menschen ist: an Kleinlichkeit, Gier, Hochmut, Neid und Verlangen. — Verlangen auch nach dem Kreuz.

Ist das Leben arm? Ist nicht vielmehr deine Hand zu klein, sind deine Augenlinsen nicht zu trübe? Du bist es, der wachsen muß.

Den Rahmen unseres Schicksals dürfen wir nicht wählen. Des Rahmens Inhalt aber geben wir. Wer das Abenteuer sucht, wird Abenteuer haben nach dem Maß seines Muts. Wer das Opfer sucht, wird geopfert nach dem Maß seiner Reinheit.

Laß nie den Erfolg seine Leere verbergen, die Leistung ihre Wertlosigkeit, das Arbeitsleben seine Öde. Behalte den Sporn, um weiter zu kommen, den Schmerz in der Seele, der uns über uns selber hinaustreibt.

Staub lagert schwer, Luft stirbt, Licht wird glanzlos in dem Raum, den zu verlassen wir nicht ständig bereit sind. Unsere Liebe verarmt, wenn wir nicht den Mut haben, ihren Gegenstand zu opfern.
Nur so lange lebt unser Lebenswille, als wir das Leben wollen, ohne daran zu denken, ob es unser ist.

DES ERLÖSTEN MACHT

Die längste Reise
ist die Reise nach innen.
Wer sein Los gewählt hat,
wer die Fahrt begann
zu seiner eigenen Tiefe ...
noch unter euch,
ist er außerhalb der Gemeinschaft,
abgesondert in eurem Gefühl
gleich einem Sterbenden ...

Die Zeit ist immer lang für das Kind, das wartet — auf Weihnachten, auf den nächsten Sommer, darauf, erwachsen zu sein. Lang, auch wenn es jedem Augenblick eines glücklichen Tages seine ganze Seele gibt.

Ein Märchen berichtet von einer Krone, so schwer, daß nur der sie zu tragen vermochte, der in völliger Vergessenheit ihres Glanzes lebte.

Treu seiner Zukunft, auch wenn dies nur bedeutet, sich einzuüben auf ein gutes Sterben.

Nur der verdient Macht, der sie täglich rechtfertigt.

Einen Punkt gibt es, wo alles einfach wird, wo keine Wahl bleibt, weil alles, worauf du gesetzt hast, verloren ist, wenn du dich umsiehst.

Darf jemand, der die äußere Möglichkeit fand, seine innere Berufung zu verwirklichen, sich der Gefahr aussetzen, sie nur deshalb nicht zu erreichen, weil er nicht alles andere von sich werfen mag?

Wenn auch das Sterben soziale Funktion werden muß, gib mir die Gnade, daß ich mich leise auf Zehen hinausschleichen darf, ohne zu stören.

Das Unerlöste beim Machtmenschen, und umgekehrt, des Erlösten Macht.

Wenn du so weit gekommen bist, daß du keine Antwort erwartest, wirst du zum Schluß in einer Weise schenken können, daß der andere entgegennehmen — und sich über das Geschenk freuen kann.
Wenn der Liebende befreit ist von der Abhängigkeit vom Geliebten durch das Reifen der Liebe zu einem Strahlen, das Auflösung alles Eigenen in Licht ist — dann wird auch der Geliebte vollendet, indem er vom Liebenden frei wird.

Er bekam — nichts. Dafür aber zahlte er mehr als andere für ihren Wohlstand.

SEELISCHES KRAFTFELD

Arbeit als Betäubungsmittel gegen Einsamkeit, Bücher als Ersatz für Menschen —! Du sagst, du wartest, daß die Tür sich öffnet. Aber gilt das für Menschen?

Der Lebensstrom durch Jahrmillionen, der Menschenstrom durch Jahrtausende. Bosheit, Tod und Not, Opferwille und Liebe. Was bedeutet „Ich“ in dieser Sicht? Zwingt mich nicht die Vernunft, das Meine zu suchen, meine Lust, meine Macht, die Achtung der Menschen vor mir? Und trotzdem weiß ich, weiß ich es, ohne zu wissen: gerade in dieser Perspektive ist dies das Gleichgültigste von allem. Eine Einsicht, in der *Gott ist.*

Das Schwerste ist: *recht* zu sterben, ein Examen, dem keiner entgeht. Wie viele bestehen es? Und du selbst, bete um Kraft für diese Prüfung, aber auch um einen milden Richter.

Auch zu Feinden freundlich zu sein, ist leicht — aus Charakterlosigkeit.

Sollte der Ekel über die Leere das einzige im Leben sein, womit du die Leere füllst?

Mich durchschwebt die Vision von einem seelischen Kraftfeld, geschaffen in einem ständigen Jetzt von den vielen, in Wort und Taten beständig Betenden, im heiligen Willen (Gottes) Lebenden. — Die Gemeinschaft der Heiligen, und in dieser ein ewiges Leben.

Keinem (falschen) Frieden zuliebe ablassen von der eigenen Erfahrung und Haltung.

Bete, daß deine Einsamkeit der Stachel werde, etwas zu finden, wofür du leben kannst, und groß genug, um dafür zu sterben.

Lächerlich, dieses Mitteilungsbedürfnis! Warum bedeutet es so viel, daß wenigstens *jemand* das Innere deines Lebens sieht? Wofür schreibst du dies, gewiß durchaus für dich selbst, aber auch, vielleicht auch, für andere?

Dem Vergangenen Dank,
dem Kommenden: Ja!

Güte ist etwas so Einfaches: immer für andere dasein, nie sich selber suchen.

GOTT BRAUCHT DICH

Gott braucht dich, auch wenn dir das im Augenblick nicht paßt, Gott, welcher „den Menschen zermalmt, wenn er den Menschen erhebt".

So kam er denn wirklich — der Tag, da die Sorge klein ward. Weil das Schwere, das mich traf, bedeutungslos war im Licht der Forderung, die Gott an mich stellte.

Nicht ich, sondern Gott in mir.

Wer sich Gottes Hand überlassen hat, der steht den Menschen frei gegenüber: ganz frei, weil er ihnen das Recht gab, zu verurteilen.

Ich bin das Gefäß, Gottes ist das Getränk. Und Gott der Dürstende.

Daß dieser Weg der Berufung auf dem Kreuz endet, weiß, wer sich seinem Schicksal unterstellt hat — auch wenn dieser Weg durch den Jubel von Genneraret führt und durch die Triumphpforte von Jerusalem.

Keiner ist stolz, als im Glauben. Denn die Spielarten geistig unreifer Anmaßung sind kein Stolz.
Demütig und stolz im Glauben heißt: die Wahrheit

leben, daß ich nicht in Gott bin, wohl aber Gott in mir.

Ja sagen zum Leben heißt auch ja sagen zu sich selbst. Ja — auch zu der Eigenschaft, die sich am widerwilligsten umwandeln läßt von der Versuchung zu Kraft.

Menschliche Nähe — frei von Erde, doch die Erde segnend.

Wenn ich fortfahren darf: dann fester, einfacher — schweigsamer, wärmer.

Du bist ohne Stütze, wenn du etwas für dich wählst.

Demut, die aus dem Vertrauen anderer geboren wird.

Laß mich vollbringen, was ich beginnen durfte. Laß mich alles geben, auch ohne die Gewißheit, zu wachsen.

Der Stolz des Bechers ist sein Getränk, seine Demut das Dienen. Was bedeuten da seine Mängel?

En una noche oscura (Juan de la Cruz).
Des Glaubens Nacht — so dunkel, daß wir nicht einmal den Glauben suchen dürfen. In der Nacht von Getsemani vollzieht sich die Vereinigung (mit

Gott) — wenn die letzten Freunde schlafen, alle anderen deinen Untergang suchen, *und Gott schweigt.*

Wir haben die Verantwortung für unser Versagen, aber nicht die Ehre für unsere Leistung. Menschliche Freiheit ist eine Freiheit, Gott zu verraten. Gewiß liebt uns Gott — doch unsere Erwiderung ist freiwillig.

Ein Sprung im Ton? Dann hast du ihn erkalten lassen.

DU — CHRISTUS

Du, der uns frei geschaffen hast, der du alles siehst,
was geschieht — und dennoch des Sieges gewiß
bist.
Du, der du jetzt unter uns der bist, der die äußerste
Einsamkeit leidet.
Du — der du auch ich bist.
Dürfte ich deine Bürde tragen, wenn meine Stunde
kommt, dürfte ich.

Du, der über uns ist,
Du, der einer von uns ist,
Du, der *ist* —
auch in uns;
daß alle dich sehen — auch in mir,
daß ich den Weg bereite für dich,
daß ich danke für alles, was mir widerfuhr.
Daß ich dabei nicht vergesse der anderen Not.
Behalte mich in deiner Liebe,
so wie du willst, daß andere bleiben in der meinen.
Möchte sich alles in diesem meinem Wesen zu deiner
Ehre wenden,
und möchte ich nie verzweifeln.
Denn ich bin unter deiner Hand,
und alle Kraft und Güte sind in dir.
Gib mir einen reinen Sinn — daß ich dich erblicke,
einen demütigen Sinn — daß ich dich höre,
einen liebenden Sinn — daß ich dir diene,
einen gläubigen Sinn — daß ich in dir bleibe.

IN GOTTES HAND

Das Unerhörte — in Gottes Hand zu sein.

Wieder ein Mahnen an dieses einzig Bleibende in deinem Leben — und wieder diese Enttäuschung, die bezeugt, wie lange du brauchst, um zu erkennen.

Gerecht vor deinem Blick,
mit deinem Mut,
in deiner Stille.

Glauben — das heißt: nicht zweifeln!

Auf einem sauberen Kleid stört der kleinste Fleck. In großer Höhe kann ein Augenblick der Nachlässigkeit den Tod bedeuten.

Das Seil über dem Abgrund wird von denen gespannt, die es am Himmel festmachen — durch Treue zu einem Glauben, der ständiges, äußerstes Opfer ist.
Wer durch „Gottes Vereinigung mit der Seele" (Juan de la Cruz) verurteilt ist, Salz der Erde zu sein — weh ihm, wenn er sein Salz verscherzt.

Es gibt keinen, von dem du nicht lernen kannst. Vor dem Gott, der in allen spricht, bist du immer Abc-Schütze.

Wie stark ist er in der Sammlung ..., die er gewinnt, wenn Gott in ihm ist, weil er in Gott ist. Stark und frei, weil er selbst nicht mehr ist.

Die Stellung gibt dir nie das Recht zu befehlen. Nur die Schuldigkeit, so zu leben, daß andere deinen Befehl annehmen können, ohne erniedrigt zu werden.

Jene Würde allein ist wirklich, die nicht verringert wird durch die Gleichgültigkeit der andern.

Das Gebet, kristallisiert im Wort, legt immer wieder die Wellenlänge fest, auf welcher das Zwiegespräch weitergeführt werden muß, auch wenn sich unser Bewußtsein auf andere Ziele richtet.

Es gibt eine Selbstgefälligkeit des Glaubens, unverzeihlicher und gefährlicher als die der Intelligenz ... (Der Glaube wird) gewertet als eine metaphysische Zauberformel, deren Vorteile nur Auserwählten vorbehalten sind.

Früher war der Tod immer mit dabei. Heute ist er Tischkamerad: ich muß freund mit ihm werden.

HORCHEN IM GLAUBEN

Horchen im Glauben, seinen Weg finden und das Gefühl haben, in Wirklichkeit ihn unter Gott wiederzufinden.

Wir hören schlecht zu und lesen noch schlechter. Du merkst es so gut, wenn es um dich geht. Bist du ebenso aufmerksam *auf* dich selbst?

Es ist nicht genug, sich täglich unter Gott zu stellen. Es kommt darauf an, *nur* unter Gott zu stehen. Jede Zersplitterung öffnet die Tür für Tagtraum, Geschwätz, heimliches Selbstlob, Verleumdung.

Er bahnte einen neuen Weg. Darum, und nur darum hatte er den Mut, weiterzugehen und nicht zu fragen, ob andere folgten oder auch nur verstanden.

Ein Kontakt mit der Wirklichkeit, leicht und stark wie die Berührung einer geliebten Hand. Einheit in einer Selbstaufgabe ohne Selbstauslöschung, mit des Gefühles Klarheit und des Verstandes Wärme.

Der Stil, der Gewicht gibt, verlangt Festigkeit auch im Nachgeben. Du mußt streng sein gegen dich selber, um das Recht auf Milde gegen andere zu haben.

Achtung vor dem Wort, seinem Gebrauch in strengster Sorgfalt und in unbestechlicher innerer

Wahrheitsliebe, das ist auch die Bedingung des Wachstums für Gemeinschaft und Menschengeschlecht.
Das Wort mißbrauchen heißt die Menschen verachten.

In niedrigen Wolken starb das Licht. Der fallende Schnee trank das Dunkel. Gebettet in Schweigen, deckten mich Zweige mit ihrer Geborgenheit. Als sich die Grenzen auflösten, aufs neue das Wunder: daß ich bin.

Die Wahrheit ist so einfach, daß sie als anspruchsvolle Banalität erscheint. Und doch wird sie im Handeln ständig verleugnet. Jeder Tag liefert Beispiele.

Es ist wichtiger, die eigenen Beweggründe zu erkennen, als die Motive des anderen zu verstehen.

Wer Menschen zugetan ist, schlägt den aus dem Spiel, der sie verachtet.

Der Liebende will des Geliebten Vollendung. Sie verlangt Freigabe, auch vom Liebenden.

Gott will unsere Unabhängigkeit.

ALLES GEBEN

Selbst in der kleinsten Gabe mußt du den *Willen* haben, alles zu geben.

Ein Empfangender bleiben, aus Demut und um deine Biegsamkeit zu bewahren. Ein Empfangender bleiben — und danken. Dafür horchen, sehen, verstehen *dürfen*.

Der Einsatz sucht uns, nicht wir den Einsatz. Darum bist du ihm treu, wenn du wartest — bereit, und handelst, wenn du vor der Forderung stehst.

Das „mystische Erlebnis“ (ist) jederzeit: hier und jetzt. In Freiheit, die Distanz ist, in Schweigen, das aus Stille kommt.
Diese Freiheit ist jedoch eine Freiheit unter Tätigen, die Stille eine Stille zwischen Menschen.
Das Mysterium ist ständig Wirklichkeit bei dem, der inmitten der Welt frei von sich selbst ist.

Der Weg zur Heilung geht in unserer Zeit notwendig über das Handeln.

Vor dir, Vater,
in Gerechtigkeit und Demut,
mit dir, Bruder,
in Treue und Mut,
in dir, Geist,
in Stille.

Dein Wille ist mein Geschick ..., denn mein Geschick ist, gebraucht und verbraucht zu werden nach deinem Willen.

Wenn der Weg unendlich scheint und plötzlich nichts mehr gehen will, wie du es wünschst, gerade dann darfst du nicht zaudern.

VERZEIHEN

Verzeihen ist die Antwort auf den Kindertraum vom Wunder, wodurch das Zerschlagene heil wird und das Schmutzige rein. Im Erleben Gottes steht nichts zwischen ihm und uns, es wird uns verziehen. Aber wir können ihn nicht erfahren, wenn irgend etwas zwischen uns und anderen steht.

Führe uns nicht in Versuchung,
sondern erlöse uns vom Bösen.
Laß alles in mir dir dienen
und befreie mich so von Furcht.

Du wagst dein Ja — und erlebst einen Sinn.
Du wiederholst dein Ja — und alles bekommt Sinn.
Wenn alles Sinn hat, wie kannst du anderes leben als ein Ja?

Für den Wachenden ist das Ferne gegenwärtig — gegenwärtig auch in Verbindung mit dieser Menschheit, in welcher Jesus jeden Augenblick stirbt in irgendeinem, der dem Weg der inneren Zeichen folgte bis zum Ende.

Liebe und Geduld,
Gerechtigkeit und Demut,
Glaube und Mut,
Stille.

„Nie und nimmer gibt Gott sich in einem fremden Willen. Wo er seinen Willen findet, da gibt er sich" (Meister Eckhardt).

Verstehen — durch Stille,
Wirken — aus Stille,
Gewinnen — in Stille.
„Soll das Auge die Farben gewahren, so muß es selber zuvor aller Farben entkleidet sein."

Mit Gottes Liebe das Leben und die Menschen lieben — um der unendlichen Möglichkeit willen,
warten wie er,
beurteilen wie er,
ohne zu verurteilen,
dem Befehl gehorchen, wenn er ergeht,
und niemals zurückschaun —
dann kann er dich brauchen ...
Und wenn er dich nicht braucht: in seiner Hand hat jede Stunde einen Sinn, hat Hoheit und Glanz, Ruhe und Zusammenhang.

Sich des Erfolgs freuen ist etwas anderes, als ihn für sich in Anspruch nehmen.

Du wirst finden, daß Unterordnung als ein Akt des Willens ständige Wiederholung fordert und umschlägt zu etwas, das unserem individuellen Leben ins Zentrum zurückzukehren erlaubt.

Der große Einsatz ist soviel einfacher als der alltägliche — aber er verschließt so leicht unser Herz gegen diesen.

„Glauben, nicht zaudern“, aber auch nicht zweifeln. „Glaube ist Gottes Vereinigung mit der Seele“, darin auch die Gewißheit von Gottes Allmacht durch die Seele. Für Gott ist alles möglich, denn Glaube kann Berge versetzen.

Der große Zusammenhang verdunkelt so leicht den kleineren. Ohne jene Demut und Wärme, die du erreichen mußt in deinem Verhältnis zu jenen, in deren persönliches Leben du eingefügt bist, kannst du nichts tun für die vielen. Ohne dies lebst du in einer abstrakten Welt ... (Die Liebe) bliebe eine sublime Form unmenschlicher Selbstbehauptung ..., machtlos gegen das Negative in dir, würde sie nicht unter die Zucht menschlicher Nähe gebeugt und von deren Innerlichkeit erfüllt.
Es ist besser, aus ganzer Seele einem Menschen Gutes zu tun, als sich „für die Menschheit zu opfern“.

MIT DIESER LIEBE

Mit der Liebe dessen, der alles weiß,
mit der Geduld dessen, dem das Jetzt ewig ist,
mit der Gerechtigkeit dessen, der niemals
enttäuschte,
mit der Demut dessen, der alle Falschheit erfuhr.

Wie tot kann ein Mann sein hinter einer Fassade von großer Tüchtigkeit, Pflichttreue — und Ehrgeiz. Gelobt sei die Unrast als Zeichen, daß noch Leben vorhanden ist.

Zweimal hast du ihm Unrecht getan, obwohl du „im Recht" warst. Oder richtiger: *weil* du im Recht warst und weil du in Selbstgerechtigkeit und unkluger Machtvollkommenheit durch eine Gegend stolpertest, wo jeder Schritt ihm Schmerzen bereitete.

Immerfort
Auge in Auge
mit dieser Liebe,
die alles sieht,
doch übersieht
in Geduld,
was Rechtens ist,
doch nicht urteilt,
wenn unser Blick
spiegelt den ihren
in Demut.

Als Luzifer sich rühmte, was er auf Engelswegen gewirkt, da wurde er zum Werkzeug des Bösen.

Unmerklich werden unsere Finger so gelenkt, daß ein Muster sich bildet, wenn der Faden ins Gewebe schießt.

Wie demütig das Werkzeug, wenn es für das gepriesen wird, was die Hand ausführt.

Durch Unrecht — niemals Recht.
Durch Recht — niemals Unrecht.

Jemand gab das Weberschiff in deine Hand. Jemand hat die Fäden geordnet.

O Widersinn! O letzter Widerstand! Wenn allein das Ziel das Opfer rechtfertigen kann — wie kannst du dann einen Schatten von Bedeutung darin finden, ob der Einsatz mit einem Namen verbunden bleibt oder nicht? Wie deutlich zeigt das doch, daß dein Handeln beeinflußt wurde von dem eitlen, toten Traum „Erinnerung".

WERKZEUG

Geheiligt werde dein Name,
nicht der meine.
Dein Reich komme,
nicht das meine.
Dein Wille geschehe,
nicht der meine.
Gib uns Frieden mit dir,
Frieden mit den Menschen,
Frieden mit uns selbst,
und befreie uns von Angst.

Dein eigener Einsatz bewirkte das nicht, nur Gott. Freue dich, daß Gott deinen Einsatz brauchte in seinem Werk. Freue dich ..., daß du nur ein Werkzeug warst für ihn, der durch dich ein Stückchen zu dem Ganzen fügte, das er gestaltet zu seinem Ziel.

„Ich bin nichts, und ich wußte es nicht."

Du fragst, ob diese Aufzeichnungen nicht letztlich ein Betrug an dem Lebensweg sind, den du dir vorgeschrieben? Diese Aufzeichnungen —? Sie waren Wegzeichen, aufgerichtet, als du an einen Punkt kamst, wo du sie brauchtest, einen festen Punkt, der nicht verlorengehen durfte. Und das sind sie geblieben. Aber dein Leben hat sich verändert. Und nun rechnest du mit möglichen Lesern. Vielleicht wünschst du sie dir sogar! Für manchen könnte es doch von Bedeutung sein, einen Schicksalsweg zu verfolgen, über den der Lebende nicht sprechen mochte. Ja, aber nur wenn deine Worte aufrichtig sind, jenseits von Eitelkeit und Selbstbespiegelung.

Weiter! Deine Befehle werden im Verborgenen erteilt. Möge ich sie immer hören — und antworten.
Weiter! Welche Entfernung ich auch zurückgelegt, sie gibt mir nicht das Recht, innezuhalten.
Weiter! Die Sorgfalt bei den letzten Schritten unter dem Gipfel entscheidet über den Wert all dessen, was vorausgegangen ist. Wir handeln im Glauben — und es geschehen Wunder. So werden wir versucht, das Wunder zum Glaubensgrund zu machen, und bezahlen unsere Schwäche mit dem Verlust der Glaubenszuversicht.
Glaube ist, er schafft und trägt. Er wird nicht hergeleitet, nicht geschaffen, nicht getragen von irgend etwas anderem als seiner eigenen Wirklichkeit.

Dankbarkeit und Bereitschaft. Du bekamst alles für nichts.

Jedes Werk immer weniger an deinen Namen gebunden, jeder Schritt immer leichter auf der Erde.

JEDER TAG — EIN LEBEN

Jeder Tag der erste — jeder Tag ein Leben.

Jeden Morgen soll die Schale unseres Lebens hingehalten werden, um aufzunehmen, zu tragen und zurückzugeben.

Man kommt dahin, die Erbsünde zu erkennen ..., diesen düsteren Kontrapunkt des Bösen, der in unserem Wesen, ja von unserem Wesen, doch nicht unser Wesen ist. Daß man die Katastrophe bejaht für das, dem wir zu dienen suchen, und Unglück sogar für die, zu denen wir halten.

Leben in Gott ist nicht Flucht aus dem Leben, sondern der Weg zur vollen Einsicht.

Erfolg — zur Ehre Gottes oder zu deiner eigenen, für den Frieden der Menschen oder deinen eigenen? Die Antwort entscheidet über den Ausgang deines Strebens.

Für den Geopferten, der zugleich Opfernder ist, gilt nur eins: die Treue — einsam unter Feinden und Zweiflern —, Treue trotz der Erniedrigung, welche die Folge und die Voraussetzung der Treue bleibt. Treue ohne jede andere Stütze als die Hoffnung auf Rechtfertigung, die er findet im Glauben, den die Wirklichkeit so gründlich zu widerlegen scheint.

JA ZUM SCHICKSAL

Nur wenn dein Streben von einem Pflichtbewußtsein geleitet wurde, in dem du dich selbst vergessen hast, kannst du den Glauben bewahren an seinen Wert. Wenn das so ist, sollte dein Streben nach dem Ziel dich gelehrt haben, dich zu freuen, wenn andere es erreichen.

Die Antwort, die harte, reine, schwere Antwort: in dem Einen bist du niemals einsam, in dem Einen bist du allezeit zu Hause.

Wer vom Schicksal herausgefordert wird, entrüstet sich nicht über die Bedingungen.

Du brauchst nicht Öl noch Luft — nur der Verbrennungspunkt, der Brennpunkt, wo das Licht geboren wird.

„Sich selbst verzeihen?" Nein, das geht nicht. Uns muß verziehen werden. Wir können jedoch an Verzeihung nur glauben, wenn wir selbst verzeihen.

„Das Beste und Herrlichste, wozu man in diesem Leben gelangen kann, ist, daß du schweigst und Gott wirken und sprechen läßt."

Blicke dich nicht um. Träume nicht von der Zukunft, sie wird dir nicht die Vergangenheit zurückgeben noch andere Glücksträume erfüllen. Deine Pflicht und deine Belohnung, dein Schicksal, sind *hier und jetzt.*

Jesu Inkonsequenz: er saß mit Zöllnern und Sündern zu Tisch und ging mit Huren um. Tat er es, um wenigstens ihre Stimmen zu gewinnen? Glaubte er etwa, sie zu bekehren durch solche Zuwendung? Oder tat er es, weil seine Menschlichkeit tief und reich genug war, um auch in ihnen die Beziehung zu stiften zu dem Gemeinsamen, Unzerstörbaren, worauf die Zukunft gebaut werden muß?

Ja zu Gott, ja zu dem Schicksal, ja zu dir selbst. Wenn das Wirklichkeit wird, dann kann die Seele verwundet werden — sie hat die Kraft zu genesen.

Warum wimmern über diesen kleinen Tod? Zieh ihn an dich, rasch, und mit einem Lächeln. Stirb diesen Tod und geh frei weiter, eins mit deiner Aufgabe, ganz im Einsatz der Stunde.

Suche nicht die Vernichtung. Sie wird dich finden. Suche den Weg, der zur Vollendung führt.

BLEIBE IM ZENTRUM

Bleibe im Zentrum, in deinem eigenen und dem der menschlichen Reaktionen. Handle für das Ziel, dem dein Leben gilt, mit aller Kraft, die dir in jedem Augenblick zu Gebote steht. Handle ohne Gedanken an die Folgen und ohne in irgendeiner Weise dich selbst zu suchen.

Dein Körper soll vertraut sein mit seinem Tod in allen seinen möglichen Formen und Graden, wie ein selbstverständlicher, naheliegender und gefühlsmäßig indifferenter Schritt auf dem Weg zu dem Ziel, dessen du dein Leben wert fandest.

Der Tod, als Teil der Opfers, ist wohl Erfüllung, doch meist Erniedrigung und nie Erhöhung.

Preise deine Kritiker, jene, denen keine Anstrengung genügt.

Der Narr schrie auf dem Markt. Keiner blieb stehen, um zu antworten. So bestätigte es sich, daß seine Thesen unwiderlegbar waren.

In deinem Wind, in deinem Licht. Wie gering alles andere, wie klein wir — und glücklich in dem, was allein groß ist.

Im Glauben, der „Gottes Vereinigung mit der

Seele“ ist, bist du *eins* mit Gott und Gott ganz in dir, so wie er ganz für dich ist in allem, was dir begegnet.
In diesem Glauben
steigst du im Gebet hinab in dich selbst, um den anderen zu treffen, im Gehorsam und im Licht der Vereinigung;
(in diesem Glauben)
ist unser Tun ein fortwährender Schöpfungsakt ...
Im Glauben, der „Gottes Vereinigung mit der Seele“ ist, hat darum alles einen Sinn.

Noch einige Jahre, und dann? Das Leben hat nur Wert durch seinen Inhalt — für andere. Mein Leben ohne Wert für andere ist schlimmer als Tod.

Wie unbegreiflich groß, was mir geschenkt wurde, wie nichtig, was ich „opfere“.

Einige sind erwählt ..., an die Schwelle der endgültigen Überwindung geführt zu werden, zum Schöpfungsakt des Opfers statt zu körperlicher Vereinigung — in einem Blitzschlag von der gleichen blendenden Kraft.

Zu müde für Menschen
suchst du Einsamkeit,
zu müde, sie zu füllen.

WIRKLICHKEIT

Im Glauben ein ständiger, lebendiger Kontakt mit allem. Vor Gott ist darum die Seele in der Wirklichkeit.

Demut ist in gleichem Grad der Gegensatz zur Selbstdemütigung wie zur Selbstüberhebung. Demut heißt *sich nicht vergleichen.*
In seiner Wirklichkeit ruhend, ist das Ich weder besser noch schlechter, weder größer noch kleiner als anderes oder andere. Es ist — nichts, aber gleichzeitig eins mit allem. In diesem Sinn ist Demut völlige Selbstvernichtung.
In der Selbstvernichtung der Demut nichts zu sein und doch in der Kraft der Aufgaben ganz ihr Gewicht und ihre Autorität zu verkörpern, ist die Lebenshaltung des Berufenen.

Lob und Tadel, die Winde von Erfolg und Mißerfolg blasen spurlos über dieses Leben hinweg, ohne sein Gleichgewicht zu erschüttern.
Dazu hilf mir, Herr.

Einfachheit heißt, die Wirklichkeit nicht in Beziehung auf uns zu erleben, sondern in ihrer heiligen Unabhängigkeit. Einfachheit heißt sehen, urteilen und handeln von dem Punkt her, in dem wir in uns selber ruhen. Wie vieles fällt da weg! Und wie fällt alles andere in die rechte Lage.

Im Zentrum unseres Wesens ruhend, begegnen wir einer Welt, in der alles auf gleiche Art in sich ruht. Dadurch wird der Baum zu einem Mysterium, die Wolke zu einer Offenbarung und der Mensch zu einem Kosmos, dessen Reichtum wir nur in Bruchteilen erfassen.
Für den Einfachen ist das Leben einfach; es öffnet jedoch ein Buch, in dem wir nie über die ersten Buchstaben hinauskommen.

Einsam in verborgenem Wachstum
fand er Gemeinschaft
mit allen Wachsenden.

Für den, der glaubt,
wird das letzte Wunder
größer als das erste sein.

Die Vergebung zerbricht die Ursachenkette dadurch, daß der, der aus Liebe vergibt, die Verantwortung auf sich nimmt für die Folgen dessen, was du tatest. Sie bedeutet daher immer Opfer.

Der Preis für deine eigene Befreiung durch eines andern Opfer ist, daß du selbst willig bist, auf die gleiche Weise zu befreien, ungeachtet des Einsatzes.

Wie richtig, daß Weihnachten dem Advent folgt. Für den Vorausblickenden ist Golgota der Platz für die Krippe und das Kreuz schon in Betlehem errichtet.

SINNVOLLES DASEIN

Was hilft ihre Liebe?
Ob *ich* sie liebe,
gilt jetzt nur.

Weg,
du sollst ihn gehen.

Schmerz,
du sollst ihn verbergen.

Glück,
du sollst es vergessen.

Antwort,
du sollst sie lernen.

Kelch,
du sollst ihn leeren.

Ende,
du sollst es ertragen.

Ich weiß nicht, wer oder was die Frage stellte. Ich weiß nicht, wann sie gestellt wurde. Ich weiß nicht, ob ich antwortete. Aber einmal antwortete ich *Ja* zu jemand — oder zu etwas.
Von dieser Stunde her rührt die Gewißheit, daß das Dasein sinnvoll ist und daß darum mein Leben, in Unterwerfung, ein Ziel hat.
Seit dieser Stunde habe ich gewußt, was es heißt, „nicht hinter sich zu schauen", „nicht für den andern Tag zu sorgen".

Was fürchte ich?
Wenn sie treffen
und töten,
was ist da
zu beweinen?

Andere gingen voran. Andere folgten. —
Erbarme dich
unser.
Erbarme dich
unseres Strebens,
daß wir
vor dir,
in Liebe und Glauben,
Gerechtigkeit und Demut
dir folgen mögen,
in Selbstzucht und Treue und Mut
und in Stille
dir begegnen.

DU

Gib uns
reinen Geist,
damit wir dich sehen,
demütigen Geist,
damit wir dich hören,
liebenden Geist,
damit wir dir dienen,
gläubigen Geist,
damit wir dich leben.

Du,
den ich nicht kenne,
dem ich doch zugehöre.

Du,
den ich nicht verstehe,
der dennoch mich weihte
meinem Geschick.

Du. —

Anmerkungen

1 Sven Stolpe, Dag Hammarskjölds geistiger Weg, Josef Knecht Verlag, Frankfurt/Main, 1964, S. 93/4 und 113/4.
2 Dag Hammarskjöld, Zeichen am Weg, Droemer Knaur Verlag, München, 3. Aufl. 1965, S. 126/7.
3 Ebd., S. 11/2.
4 Ebd., S. 16.
5 Ebd., S. 11.
6 Vgl. ebd., S. 108.
7 Ebd.
8 Vgl. Stolpe, a. a. O., S. 61. Mit dem Problem der Einsamkeit bei Hammarskjöld befaßt sich eingehend Yann Fentener van Vlissingen, ein Mönch aus Taizé, in seiner Studie: Approches psychologiques du célibat, Les Presses de Taizé, 1969 (besonders Teil III).
9 Stolpe, a. a. O., S. 109.
10 Vgl. Edith Stein, Welt und Person. Beitrag zum christlichen Wahrheitsstreben, Nauwelaerts/Louvain — Herder/Freiburg, 1962, S. 197.
11 Paul Konrad Kurz, Zu Dag Hammarskjölds geistlichem Tagebuch, in: Geist und Leben 38 (1965), S. 197.
12 Hammarskjöld, a. a. O., S. 166.

Nachweis der Textstellen

Die Texte sind den unter dem Titel „Zeichen am Weg“ im Verlag Droemer Knaur, München, 1965 erschienenen Tagebuchaufzeichnungen Dag Hammarskjölds entnommen. Wir danken dem Verlag für die Abdruckerlaubnis.
Das Gedicht „Weg, du sollst ihn gehen ...“ wurde zitiert nach: Paul Konrad Kurz, Zu Dag Hammarskjölds geistlichem Tagebuch, in: Geist und Leben, Würzburg, 38 (1965), S. 200.
Das Foto wurde uns auf Veranlassung des Fotografen Y. Karsh, Ottawa, von der Camera Press Ltd., London, zur Verfügung gestellt.

Inhaltsübersicht

Waltraud Herbstrith im *Johannes-Verlag Leutesdorf*

Begegnung mit Indien
und einem seiner großen christlichen Pioniere
Kuriackos Elias Chavara (seliggesprochen 1985)
1969. 360 Seiten. Kartoniert
Bestellnummer: T 154
Der Versuch, das Phänomen Indien aus christlichem Geist zu verstehen und zu würdigen. Besonders eingegangen wird auf die Kirche der Thomaschristen, die in Indien bis in die apostolische Zeit zurückgeht, und auf ihren großen Pionier Kuriackos Elias Chavara.

Beten mit Edith Stein
Eine meditative Hilfe
1996. Sechste, durchgesehene und veränderte Auflage.
36 Seiten. Geheftet
Bestellnummer: H 131
Die Meditationen zu Texten von Edith Stein sind Versuche, Leserin und Leser zu eigenem Beten anzuregen, und zeigen Wege, dieses Beten fruchtbar werden zu lassen. ,,Beten mit Edith Stein" kann heißen, sich dem Auftrag Christi zu öffnen und das eigene Leben in neuen Horizonten zu sehen.

Edith Stein — Versöhnerin zwischen Juden und Christen
1996. Dritte Auflage. 80 Seiten. Kartoniert
Bestellnummer: H 132
Edith Stein, jüdische Philosophin, christliche Pädagogin und Martyrerin mit Millionen von Juden, ist für viele Menschen gerade heute eine Gestalt der Orientierung und Wegweisung. In ihrem Lebenszeugnis kann Gott in besonderer Weise erfahren werden.

Bei Gott zu Hause sein
1992. Zweite, überarbeitete Auflage. 104 Seiten. Kartoniert
Bestellnummer: A 361
Niemand, der sich in unserer Generation christlich nennt, ist es erspart, den mühsamen Weg zu gehen, der vom tradierten Glauben in die konkrete, persönliche Aneigung der Botschaft Jesu führt. Diese Botschaft muß unser innerstes Sein durchdringen und prägen.

Du bist mir nahe
Gespräche · Briefe
Von Bruder Lorenz, Karmelit
Mit einem Vorwort der Autorin
1993. Siebte Auflage. 80 Seiten. Kartoniert
Bestellnummer: A 360
Bruder Lorenz (1608—1691) bietet auch dem Menschen des 20. Jahrhunderts eine klare Theorie des Gebets, Einübung in die innerste Mitte seines Daseins, Hilfe zur Selbst- und Gottfindung. Sein unkomplizierter, einfühlender Stil läßt sein Glaubenszeugnis wie neu und gegenwärtig erstehen.

Unter der Führung Gottes
Texte von Dietrich Bonhoeffer, ausgewählt und eingeleitet von Verena Roediger
Mit einem Geleitwort der Autorin
1995. 80 Seiten. Kartoniert
Bestellnummer: A 219
Dietrich Bonhoeffer lebte in einer dunklen Zeit der Geschichte unseres Volkes und vertraute sich ganz der göttlichen Führung an. Seine Gedanken können uns Anregung und Hilfe sein, in den Dunkelheiten der Zeit sich ebenfalls geborgen zu wissen in der Nähe Gottes.